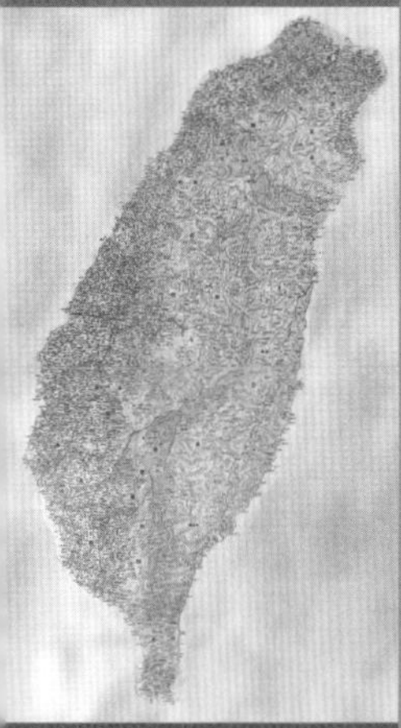

台灣再光復

張亞中◎著

序：台灣必須再一次光復

一九四五年，台灣迎來了光復，重新回到了中國的懷抱。然而，短短幾十年過去，光復的意義卻早已不再如當初般明確。如今的台灣，歷史觀和價值觀逐漸變得模糊，甚至被故意扭曲，社會因此分裂對立，消耗著自己本該向前的力量。

在這樣的氛圍中，一些皇民化後裔不惜歌頌日本的殖民統治，反而去否定清朝和民國政府在台灣的治理成果。更有一些台獨分離主義者，透過篡改歷史，試圖切斷台灣與中華文化的聯繫。

光陰似箭，如今已是台灣光復八十年。我們驀然回首，卻驚覺台灣似乎又陷入了新的「被殖民」狀態。隨著「文化台獨」的推動，兩岸關係愈發疏離，甚至到了彼此敵對、兵凶戰危的地步。

中國歷史被從台灣的教科書中抹去，中華文化不再被視爲台灣多元文化的主體。大約三分之二的台灣人，甚至不再認爲自己是中國人，年輕人比率更高。這群分離主義者爲了與中國歷史劃清界線，把清朝與民國的統治，和荷蘭、西班牙、日本的殖民統治放在同等地位，通通視爲「外來政權」，這眞是令人痛心。

他們對台灣的歷史充滿著偏見與謬誤。他們認爲清朝對台灣是消極治理，民國政府來台後則是以威權專制爲主，二二八事件和白色恐怖成了國民黨血腥統治的證明。更令人震驚的是，日本對台灣剝削、壓制與掠奪的殖民統治，在他們的眼中，卻被美化成爲日本爲台灣帶來了現代化，是台灣現代化的「啓蒙者」。

因此，他們不願意說「日本殖民」或「日據」，而是更傾向使用「日治」這個詞。他們也不願說「日本戰敗」，而是使用日本人用的「終戰」。他們也不喜歡用台灣「光復」，因爲他們主張「台灣地位未定」，並宣揚台獨才是台灣的出路。

目前在台灣政壇上活躍的當權者，朝野都有，他們的理由與動機雖然不同，但是他們在心態與作爲上，從來沒有眞正的自主過。他們自願接受美日的「再殖民」，以得到日本的關心、做爲美國的扈從而沾沾自喜。

今天的台灣，迫切需要再次光復——這一次，是心靈和文化上的光復。我們要從「文化台獨」與「再殖民」的影響中，奮力走出來。

本書將透過歷史事實，回顧台灣這四百年來走過的道路和經歷的事件。我們希望，透過眞實的歷史，還原台灣史觀中的偏差，讓我們在這光復八十週年的時刻，能以智慧與勇氣，重新找回台灣的未來。希望台灣早日脫離再殖民的陰影，再一次迎來屬於我們的光復。

孫文學校總校長

張亞中 謹識

目錄

壹

正確認識清朝治台的貢獻

一、清朝是積極用心治理而非消極統治台灣

一九四五年，台灣光復，回到了中國的懷抱。然而，有些台獨論述卻把台灣歷史中的荷蘭、西班牙、明鄭、清朝、日本殖民，甚至民國政府，全都描述成「外來政權」，還說日本殖民政府貢獻最大，民國政府是「威權統治」，而清朝對台灣的二百一十二年更是「消極治理」，毫無建設。但真的是這樣嗎？這種說法不僅偏見十足，還大大扭曲了歷史的眞相。

事實上，清朝的二百一十二年裏，大量的漢人移民湧入台灣，展開了台灣史上的「大移民時代」，是台灣史上前所未見的大開墾和大拓荒。這場大移民潮可以說是台灣歷史上最波瀾壯闊的篇章，規模之大、影響之深，絲毫不遜色於美國開發大西部的「拓荒時代」。然而，今天的教科書對這段歷史卻刻意忽視。那些曾冒著風險渡海開墾台灣的先民們，他們的汗水、奮鬥和貢獻，竟然被輕描淡寫地抹去了！這怎能不讓人感到憤慨和心痛？

清廷當年接手台灣，可不是敷衍了事。爲了保衛沿海安全，台灣被正式納入中國版

圖。比起其他邊疆地區，清朝對台灣的用心可見一斑，不僅派了更多官員來治理，還投入大量軍費。政策設計也十分講究，像是劃定地界、不准漢人與平埔族通婚，以避免財產糾紛和族群衝突。正是因爲這些努力，台灣逐漸從一片荒地，變成了一個人口密集、充滿活力的繁榮島嶼。這哪裏是什麼「消極治理」？

有人批評清朝時期的械鬥，像是「漳泉械鬥」和「閩客械鬥」，說那是清廷不管事的證據。但事實上，這些械鬥並不比其他地方嚴重。像廣東的「土客械鬥」，比台灣的衝突還要慘烈得多。台灣並不是什麼特例，發生「朱一貴事件」、「林爽文事件」、「戴潮春事件」這樣的民變，也不過是移民社會裏常見的政治野心家趁亂謀利，想要稱王稱帝罷了。這些事件根本無法證明清政府不作爲，反而正是清朝積極介入、平亂治理的證明。

更諷刺的是，現在的教科書還說清朝是「爲了防台而治台」，這種說法簡直是荒謬！難道北京的政權會怕住在海島上的台灣居民嗎？把清政府的維穩工作說成是「防範台灣」，簡直是無稽之談。如果清政府眞對台灣如此冷漠，又怎會派兵駐守，辛苦維持台灣的安定？

事實上，同一時期，有不少中國移民跑到南洋發展，卻因爲當地沒有清政府的保護，遭遇慘烈的排華暴動，死傷無數。相比之下，台灣的移民有清政府庇護，得以安居樂業，順利開墾土地，繁榮經濟。試想，沒有這樣的保護，台灣能夠在那段歷史中平穩發展嗎？

所以，那些說清朝「消極治理台灣」的說法，不僅錯誤，還是對歷史先民的一種莫大的不敬。清朝二百一十二年的治理，讓台灣得以成爲一片豐饒之地，這不是一件值得感恩和讚頌的事嗎？我們不該忘記，那些拓荒者和治理者的努力，才是台灣今日繁榮的基石。

二、清朝與日本殖民台灣的態度完全不同

從前，大清帝國治理台灣時，重視的是戰略利益。他們不希望台灣落入海盜、荷蘭、西班牙或日本的手中，因爲那會威脅中國東南沿海的安全。雖然清朝因爲國際法知識不足，再加上國力漸衰，讓列強有機可乘，但清政府的初心並非剝削台灣，而是保護這片土地。所有資源都用來維持台灣的內部穩定和對抗外敵、海盜。其實，清朝對台灣的軍事投入比福建還多，足見他們對台灣的重視。

當時台灣的財政仰賴福建省的補貼，一八八七年台灣升格爲台灣省後，仍然需要福建每年補助三十六萬兩白銀。而台灣自己的稅收，全部用於台灣的建設，一文都不上繳中央。這和後來的日本殖民完全不同——日本是無情地從台灣榨取資源，用來供養本國。

台灣對大陸最大的貢獻，是成為移民的出口，減輕福建的人口壓力。然而，荷蘭和日本的殖民者卻把台灣當作自己的金庫，毫不客氣地把資源運回本國，肥水不留外人田。有人批評清政府的官員在台灣貪污，但比起日本殖民政府的貪腐，那可真是小巫見大巫。像水野遵案和後藤新平的財團案，就是赤裸裸的制度性掠奪。

更有意思的是，台灣人常常會為清朝時期有功的官員立祠建廟，以表達他們的感激之情。舉幾個例子：陳璸入祀台南北極殿，周鍾瑄入祀嘉義城隍廟，蔣元樞入祀台南禹帝廟、風神廟和開基三官大帝廟，蔣允焄入祀台南法華寺，蔣毓英在台南被立碑且建祠，吳國柱入祀台南竹溪寺，洪一棟立碑於台南海安宮，陳酉（陳林每）入祀台南四草大衆廟，楊廷理、翟金、陳蒸三人入祀宜蘭昭應宮，曹謹在高雄鳳山立有曹公祠和曹公路等等。他們的名字至今在廟宇裏被祭祀。這些人留下的政績，讓台灣的人民自發地敬仰他們。而相較之下，沒有任何一位荷蘭或日本殖民官員享有這樣的待遇，足見清朝的官員比殖民者更得民心。

清朝統治台灣的二百一十二年裏，相比荷蘭和日本的殖民時期，台灣人算是幸運的。大批漢人移民湧入台灣開墾，無論是漢人還是原住民，清朝都沒有將他們當外人，更沒有歧視或虧待。雖然當時社會複雜，商人、農民、黑道、地痞流氓一併湧入，還有地震、山洪、病毒肆虐，但清政府一步步穩定了秩序，實屬不易。

可惜的是，到了清朝末年，帝國因循守舊，沒能趕上世界工業化的步伐，國勢日衰，台灣也跟著受牽連。不過話說回來，如果不是甲午戰爭的突然爆發，劉銘傳當年在台灣推動的現代化改革，應該會繼續下去——甚至比中國大陸還要早完成現代化。一八九五年台灣被迫割讓，那是全體中國人的悲劇。光緒皇帝爲此哭泣，百姓們更是憤怒不已，這一切都是落後所付出的代價。然而，我們不能因此就否定清政府的用心和努力。

近年來，一些人貶低清朝的治理，說它無所作爲，只是想把日本殖民美化，爲「去中國化」服務。這些說法不過是台獨論述的小把戲罷了。

如今，台灣光復已經八十年了，我們更需要重新認識歷史。當年漢人大規模來台開墾，是台灣歷史上的大事。這些先民爲這片土地奠定了基礎，這段歷史應該被寫進教科書，受到後人的敬仰。我們不能忘記，清朝治理台灣的貢獻遠遠不同於日本殖民的剝削與掠奪。讓歷史回歸眞相，才是我們應該努力的方向。

貳

台灣是以漢人為主體的社會

一、九成八的台灣人是來自大陸的移民

台灣光復已經有八十年了。今天，台灣約有兩千三百萬居民，其中九成八的祖先，都是不同時期從中國大陸來到這片土地的移民。然而，如今在台灣，有人卻開始鼓吹說，台灣人和南島語族有親戚關係，甚至說台灣人不是純粹的中華民族，因此也不一定是中國人。蔡英文在二〇一七年拜訪南太平洋島國時，還把這趟旅程稱爲「尋親之旅」，來強化這樣的論述。

他們的說法是，因爲早年台灣與中國大陸的交通不便，移民台灣的漢人多半是男性，沒有女人隨行，也就是人們常說的「只有唐山公，沒有唐山嬤」。這些漢人男子來到台灣後，只能娶平埔族女子爲妻，因此有人推斷，現今的台灣人並不是純正的漢族，而是有平埔族的血統，甚至進一步宣稱台灣人應該算作「南島語族」。

但「唐山嬤」眞的沒來過台灣嗎？我們查閱歷史發現，其實早在荷蘭殖民台灣的時候，就已經對來台的中國女性徵稅，顯示那時候中國女子已經不少。那時中國和台灣之間的航運也很發達，每十位乘客當中就有一位是女性。也就是說，中國女性來到台灣，其實

並不罕見。

關於平埔族人口的減少，有人說，是因爲他們跟漢人通婚或被「漢化」了。然而，眞正的歷史是這樣的：一六五〇年至一六五六年間，天災人禍不斷，對平埔族造成了沉重的打擊。西拉雅人、噶瑪蘭人和巴賽人這三個平埔族中人口最多的族群，都在這段時間遭遇滅村滅族的悲劇。事實上，早在荷蘭人占領台灣時期，平埔族的人口就已經減半，只剩三萬多人，接近滅族。所以，說他們都和漢人成婚，其實並不成立。

還有一個說法是，當時來台的「羅漢腳」——也就是單身漢，因爲找不到老婆，只好娶平埔族女子。但事實是，移民社會的主力並不是這些貧困的單身漢，而且「羅漢腳」多半生活困苦，並不是平埔族女子的理想對象。說平埔族女性都嫁給了這些「羅漢腳」，顯然也站不住腳。

二、中國女性很早就陸續移民來台灣

在荷蘭和明鄭時期，中國的女性早已陸續來到台灣，在這裏落地生根。所以說，台灣漢人後來的增長，主要是靠著中國大陸不斷的移民，而跟平埔族的通婚其實沒什麼關係。

台灣歷史課本上說的「只有唐山公，沒有唐山嬤」的說法，根本不符合歷史。

清朝在一六八五年，也就是將台灣正式納入版圖的第二年，就有詳細的記錄。當時的移民總數約五萬兩千多人，其中有約兩萬八千人是男性，但女性也有兩萬四千多人，並不存在什麼「性別失衡」的問題。到了康熙年間，台灣的漢人人口已經突破二十萬，成爲社會的多數。到光緒年間的一八九三年，台灣的漢人人口更是達到了兩百五十多萬，比起鄭克塽時期的二十萬人口，足足多了十二倍。

相比之下，平埔族的命運就沒有這麼好。他們的總人口在荷蘭人統治時期已經大幅減少，從最初的六萬人減到三萬多人，到清朝後期也只有四萬多。至於高山族的原住民，從荷蘭時期到一八九三年間，人口變動不大，始終維持在十一萬左右。這些數據都說明，到了那時候，台灣已經是一個以漢人爲主體的社會。

還有一件事值得一提：平埔族傳統上是母系社會，女性掌握土地的繼承權，而這也引發了一些漢人移民的覬覦。有人就打著「先娶番婦，再奪番產」的主意，爲了防止這種情況，清政府不得不頒布「禁婚政策」，明文禁止漢人娶原住民女子。

有趣的是，清朝時期在台灣傳教了將近三十年的加拿大籍的馬偕牧師，他的觀察也能作爲一個側證。他說：「台灣人分成兩群——原住民和漢人，但這兩群人幾乎不通婚。」

他因而認爲，台灣根本沒有形成什麼「混血人種」。而後來日本殖民政府的統計也證實了這一點：閩南家庭中，娶平埔族女子的比例不到千分之五，客家家庭則不到百分之一，比現代台灣男子娶外籍或大陸女子的比例還要低。

所以，那些說「只有唐山公，沒有唐山嬤」、把台灣人稱爲「南島語族」的說法，其實根本站不住腳。這些訛傳該停了，讓我們回歸眞實的歷史吧。

台灣人的九成八祖先都是來自中國大陸，這是鐵一般的事實。我們的血緣、文化、語言都和大陸一脈相承，這是不容否認的。如今，我們需要重新認識這段歷史，不要再讓那些爲了政治目的、數典忘祖的政客和學者欺騙我們。不要再讓一些爲了台獨目的而數典忘祖的政客與學者們繼續欺騙台灣人，是台灣再光復的重要內涵。

參

日本在台灣的剝削與壓制

一、有計畫地掠奪台灣資源

有些人說日本殖民台灣「功不可沒」，還美化他們是「現代化的啓蒙者」。但眞相眞的如此嗎？其實日本一踏上台灣這片土地，就開始如法炮製英國殖民地的掠奪策略。日本不是來建設台灣的，而是帶著明確計畫來榨取台灣的自然資源。

他們先征服原住民，強占山林和土地，砍伐珍貴的檜木，把這些高檔木材運回日本，成爲皇宮、神社、御陵的建材。甚至你今天在阿里山看到的小火車，當年其實是專門用來運送檜木的。更可悲的是，修建這條鐵路時，日本政府以幾乎是奴工的條件，逼迫原住民和漢人日夜開工。檜木被一車車運往日本，建造起明治神宮、靖國神社、橿原神宮、桃山御陵和日本皇宮，而台灣只剩下一片片被砍伐殆盡的森林。

早在清朝時期，台灣的樟腦業已經發展得非常繁榮，台灣的樟腦產量甚至占據全球的七成。當時像霧峰林家這樣的台灣大地主，靠著經營樟腦業積累了龐大的財富，還有一支強大的私人武裝。在一八九五年的乙未戰爭中，這些私人武力還曾散布各地，與日軍激戰。但日本殖民政府上台後，很快接管了樟腦業。

後藤新平上任後，命令台灣人砍伐樟樹，製造樟腦，並從基隆港運往全世界。後藤甚至還在劉銘傳的鐵路基礎上，修建了長達四百公里的縱貫鐵路，確保這些資源能快速運回日本。僅僅兩年內，日本從台灣樟腦業中賺取的利潤就折合現在的一百億日圓。日本人在台灣前十年統治的財源，幾乎完全建立在對檜木和樟樹的瘋狂掠奪之上。

然而日本的掠奪不僅止於森林。日本殖民政府也瞄準了台灣農民的土地。他們以農民的土地沒有正式地契為藉口，奪走了大批農田和耕地。這些土地很快就落入了總督府和日本財閥的手中。短短幾年內，他們就侵占了二百六十四萬多甲的土地，相當於台灣土地總面積的七成！這些土地原本屬於漢人和平埔族，但全都被殖民者巧取豪奪，淪為他們掠奪財富的工具。

這段歷史，不該被輕描淡寫，更不該被美化。日本在台灣的所作所為，是赤裸裸的掠奪和壓榨。如今，當有人將這些劣行包裝成「現代化」的成果，甚至讚美阿里山的鐵路時，我們應該要問：那條鐵路背後，是誰的汗水和淚水？這段歷史，應該要被銘記，而不是被扭曲成殖民者的「功勞」。希望我們能正視這些事實，還歷史一個公道。

二、用賣鴉片來累積財源

當年，日本殖民台灣時，後藤新平想盡辦法要掏空台灣的資源，其中最賺錢的一招，就是靠賣鴉片撈錢。他建立的「製藥所」，美其名像是藥廠，但實際上就是名副其實的「鴉片工廠」。他們從印度、伊朗、土耳其進口生鴉片，在台灣萃取嗎啡和鴉片膏，再通過總督府的專賣系統壟斷販賣。

這套系統簡直就是一條貪婪的食物鏈！總督府把經銷權分配給日本的退休官員和一群親日的商人，他們再把鴉片轉賣給持有吸食許可證的台灣人。就這樣，一個官商聯手的毒品集團誕生了。到一九〇五年，台灣持有鴉片吸食證的人已經多達十三萬七千人！日本殖民政府用這種方式控制上癮者，剝削他們的錢，讓殖民統治有了穩固的財政支撐。以今天的眼光看，後藤新平的所作所爲，簡直就是一個大毒梟。

一八九八年，鴉片專賣收入已占殖民政府總財政收入的百分之三十一。靠賣鴉片、壟斷樟腦、掠奪土地，日本在短短幾年內，就實現了財政盈餘。到了一九〇七年，日本甚至反過來用台灣的稅收和收入，去補貼日本本土的政府，台灣就這麼成了日本的搖錢樹。

這套「鴉片王國」的收入，後來還成了日本四處侵略的重要經濟支撐。一九〇四年後，日本將台灣生產的鴉片運往遼東半島，一九一四年再運到山東青島，甚至在一九三七年後跑到廈門、海南島和朝鮮半島種罌粟，把鴉片送回台灣提煉，再進一步運往日本銷售。整個日本帝國，就靠著武力掠奪資源和賣鴉片，一步步建立起來。

你知道嗎？今天位於台北的總統府，當年就是總督府，那座樓就是靠鴉片的錢建造的，所以當時的台灣人稱它爲「鴉片樓」。想想看，那棟樓代表的可不是建設和榮耀，而是台灣人民的苦痛和被剝削的血淚。

日本不僅靠賣鴉片撈錢，還壟斷了樟腦、煙酒、火柴和石油的專賣收入。到了一九四二年，這些專賣收入已經占了殖民政府總收入的四成以上。日本殖民者就靠著這些黑心財源，支撐起了日本在台灣的殖民統治。

相比之下，清朝在治理台灣時，從來沒有向台灣人民榨取一分錢，反而年年補貼台灣的財政。誰是眞心把台灣人當自己人？答案已經不言而喻。

三、八田與一興建水庫是為有效剝削台灣稻米

有些人把日本的八田與一奉爲「台灣水利之父」，大加讚揚他的貢獻，甚至還說日本殖民帶來了台灣的現代化。可是，他們眞懂這段歷史的眞相嗎？

其實，早在清朝時期，台灣的漢人移民就已經建立起完善的水利系統。像高雄的曹公圳、彰化的八堡圳、台北的瑠公圳，這些水利設施全都是先民們用雙手和汗水建起來的。這些圳道不僅灌溉了大片農田，也爲台灣人民的生活帶來了穩定的糧食供應。

但是，日本殖民政府的水利建設，根本就不是爲了台灣農民。一九一八年，正值第一次世界大戰，日本因戰爭導致米價暴漲，供應不足，於是把目光瞄向台灣。他們開始計劃大規模建設水庫和灌溉系統，目的是爲了從台灣大量生產稻米，供給日本本土。

於是，日本總督明石元二郎找來八田與一，在台灣漢人建立的水利基礎上，興建了嘉南大圳和烏山頭水庫。聽起來像是美好的建設故事，但事實卻不像外表那麼光鮮。八田與一在設計上出了問題，烏山頭水庫的水量不足，根本無法支撐嘉南大圳的全部灌溉需求。爲了解決這個問題，日本殖民政府開始強制推行三年輪作制度，要求十五萬甲農田的農民

輪流灌溉，還要求那些沒拿到水的農民也得乖乖繳水費。

這樣的苛政引發了農民的強烈不滿，但日本殖民政府卻不顧一切，用警察力量強行壓制。農民的困苦，一直拖到一九三四年日月潭水力發電廠完工，才稍稍改善。

即使嘉南大圳增加了稻米的產量，這些收成也大多運回日本，成了日本的廉價糧食。日本殖民政府控制米價和肥料價格，導致生產增加的利潤有六成都被運回日本，只有不到四成留在台灣。而這些留在台灣的利益，大部分又流進了皇民和大地主的口袋，眞正落到農民手中的少之又少。

更諷刺的是，八田與一在建設水庫和大圳時，還強行徵收農民的土地，強收水租，讓農民和地主生活苦不堪言。八田與一所做的，其實是爲了服務日本的農業利益，而不是爲了改善台灣農民的生活。但如今，卻有人將他視爲英雄，還設立雕像和紀念館供人膜拜。政客們更是藍綠無分，都跑去致敬，完全忽略了歷史眞相。

這樣的歌頌，反映出的是台灣至今還沒有眞正「光復」。價值觀的混亂，是非不明，甚至有人依然沉迷在日本殖民時期的思維裏，對過去的剝削心甘情願地接受，進行著一種「自我殖民」。

四、台灣成為最典型的殖民經濟社會

有些人批評清朝時的官員貪污腐敗，但卻忽略了日本殖民台灣的剝削比這些個別貪污嚴重得多。日本人在台灣的統治，不是零散的貪污，而是一套有計畫的系統性掠奪。那些日本殖民官員在離職時，不但能拿到豐厚的退休金，還獲得大筆台灣的土地作爲「補償」。這些土地，直到一九四五年日本戰敗後才被沒收歸還。

更令人心寒的是，日本政府從來沒有補貼過台灣的經費，相反地，還讓台灣倒貼他們的財政赤字。他們在台灣搞的建設，全都是從台灣人民身上榨取來的錢。根據當時的統計，台灣人所繳的稅負，平均每人都比日本本土的人民高得多。然而，這些歷史事實，台灣的歷史教科書上根本不提，而那些鼓吹「去中國化」的政客和學者，更是選擇性地無視這些眞相。

劉進慶，一位取得東京大學經濟博士學位的學者，一針見血地指出：「殖民統治的本質，就是壓制與掠奪。」事實上，日本殖民台灣，目的只是利用台灣來發展自己的資本主義，並沒有想過要讓台灣成爲一個現代化的經濟體。台灣的經濟模式，從頭到尾都是一個典型的殖民地經濟，而不是眞正的現代化資本主義。

撰寫《亞細亞孤兒》的客家人吳濁流，也曾深刻揭露日本殖民台灣的眞相。他指出，日本人爲了搾取台灣的資源，不得不先把基礎設施建起來，比如郵政、電信、航運、港灣和鐵路。但在工業發展方面，日本卻有意地保留限制。例如，他們不發展重工業，讓台灣始終沒有完整的工業基礎；也不發展肥料工業，限制台灣的農業發展；甚至連基本的紡織業也不建立，讓台灣人民的衣服只能依賴從日本進口。換句話說，日本在台灣的「現代化」，根本不是爲了台灣人的福祉，而是爲了滿足殖民者自己的需求。

有人說，如果沒有日本的殖民，台灣就不可能實現現代化。這樣的說法眞的是太牽強了。的確，中國的現代化比日本晚了三十年。日本在一八六八年明治維新時大步向前，而中國則是在一八九八年才有戊戌變法的討論。之後，中國還要面對列強侵略、巨額賠款、內部革命和軍閥割據，這些都讓國家的建設進展艱難。但即使如此，清朝末年的劉銘傳已經在台灣推動現代化改革。如果不是甲午戰爭打斷這個進程，台灣的發展早就不需要靠日本殖民來啓蒙。

那些交通和水利設施的建設，無一不是掠奪台灣人的資源所換來的，它們的目的是爲了日本的利益，而不是台灣人的未來。如果在瞭解這些歷史眞相後，還有人一味歌頌日本的「現代化」建設，那就像心理學家所說的「斯德哥爾摩症候群」——被害者開始同情、甚至愛上了加害者。然而，比斯德哥爾摩症候群更可怕的，是那些沉迷在殖民過去裏的「媚日」情結。

肆

日本在台灣的工業化成果與台灣無關

一、台灣的本土企業只剩下一成

很多人以為日本殖民台灣時，留下了不少「工業化的成果」。但眞相是，日本的工業化根本就不是為了台灣，而是徹底壓榨本地的企業和農民，讓台灣的發展停滯不前。

早在一九一二年，第五任台灣總督佐久間左馬太就下令，禁止台灣人開設帶有「會社」字樣的公司。想開公司？可以，但必須跟日本人合資。這道命令直接阻斷了台灣人建立現代企業的可能性，讓他們只能停留在傳統商號的經營模式中。而那些有能力籌組現代企業的台灣人，則不得不受制於日本人的規範。

到了一九四一年，台灣的經濟被徹底控制。在資本額超過二十萬日圓的公司中，日本人擁有的企業高達九成以上，而台灣人自己的企業只剩下可憐的不到一成。換句話說，台灣的經濟命脈已經完全掌握在日本人手中。

就連農業也不例外。一九二五年，日本殖民政府設立了「台灣青果株式會社」，壟斷了台灣的香蕉產業。他們控制了超過七成的香蕉產量，壓低蕉農的收購價格，讓日本的中間商發了大財，而台灣的蕉農則被逼成了半農奴。同樣的情況也發生在鳳梨產業。

一九三一年，日本人設立了「台灣鳳梨會社」，徹底打垮了台灣人經營的鳳梨工廠，建立起徹底的殖民剝削體制。

日本殖民者這樣做，不是爲了台灣的發展，而是爲了讓自己賺更多的錢。他們透過控制台灣的土地和生產，擴大稻米、蔗糖、香蕉的產量，低價供應給日本本土，減少外匯和白銀的流失，把資本都蓄積起來，日本對台灣的工業化，爲的是對台灣更有效地吸台灣的血，用於他們對外侵略的戰爭。

二、台灣人是工業化的局外人

有些人還認爲，日本殖民時期給台灣帶來了工業化建設，讓台灣人也享受到了工業化的成果。但這眞的是事實嗎？

日本殖民政府的確在台灣推動了一些工業化，但那只是爲了日本本國的發展和戰爭需求，而不是爲了台灣的未來。更殘酷的是，工業化的機會和利益基本上全都留給了日本人，台灣人只能繼續在農田和漁場上打拼，勞碌度日。看看這些數據就知道眞相：一九〇五年，台灣人的農漁業人口占總人口的73.7%；到了一九二〇年，仍然有71.2%的人靠農漁業維生；即使到了一九四〇年，這個比例也還高達69.5%。這些數字說明，在日本的殖民統治下，多數台灣人還是無法進入工業和商業領域。

日本人掌控了工業和商業的主導權。一九〇五年，工商業的產值占台灣生產總值的19.6%；到了一九四〇年，這個比例增加到了48.0%。然而，這些工業的成果和經濟利益，全都進了日本人的口袋。台灣人參與工商業的人口比例呢？一九〇五年只有12.4%，一九三〇年稍微上升到20.4%，但到了一九四〇年又下降到17.5%。這些數據清楚地揭示了：殖民時期的工商業發展，根本就不屬於台灣人，而是屬於日本人。

再看看農漁業的情況，這也是台灣人的主要經濟來源。農漁業的產值占台灣總生產值的比例，從一九〇五年的76.8%逐年下降，到一九四〇年只剩下44.2%。雖然生產力增加了，但所得卻愈來愈少，大部分的利益都流入支持日本殖民政府的皇民地主手中，比如推動台獨運動的彭明敏和廖文毅家族。農民呢？他們只能在貧困和辛勞中掙扎，因爲日本殖民政府從來不推動土地改革，農地也從未重新分配。

所以，事實就是，日本的殖民統治下，台灣的工業化是爲了服務日本人的利益，而不是爲了台灣人的未來。工業的利潤全被日本人拿走，台灣人只能在農田裏勞作，甚至連進入工業體系的機會都沒有。這才是殖民統治下，台灣社會和經濟的眞實面貌。

三、公共衛生成果遠不如民國時期

有些人總是津津樂道於日本在台灣的醫療和公共衛生建設，認爲這些貢獻不可忽視。但如果仔細看看數據，你就會發現，日本的成果其實相當有限，遠遠比不上民國政府在台灣的努力。

在日本殖民初期，一九〇六年時，台灣人的平均壽命非常短，男人只有27.7歲，女人也只有29.0歲。到了一九四〇年，男人的平均壽命才增加到41.1歲，女人也才增加到45.7歲。換算下來，這三十四年間，男人的壽命每年只增加0.39歲，女人則每年增加0.49歲。這些進步看似不錯，但這段期間的末期，隨著日本發動太平洋戰爭，台灣人被徵召上戰場，甚至遭受戰火轟炸，許多人繳納了「血稅」，而日本殖民政府在那之後，就不再公開台灣人的壽命數據了。

相比之下，看看民國政府的成績。一九五〇年蔣介石開始重掌台灣政務時，台灣人的平均壽命已經達到了男人53.1歲，女人55.7歲。到一九七五年蔣介石去世時，男人的平均壽命增加到68.3歲，女人達到了73.4歲。再到一九八八年蔣經國去世時，男人的壽命增加到71.0歲，女人達到76.2歲。蔣氏父子統治的三十八年間，男人的壽命平均每年增加0.47歲，女人更是每年增加0.54歲。這些數據清楚地顯示，民國政府在公共衛生方面的成績，遠遠超過了日本殖民統治的三十四年。

然而，令人感到困惑和遺憾的是，即使台灣已經光復八十年，仍有許多人把日本殖民政府當成「現代化的啓蒙者」來歌頌。甚至，台灣的歷史教科書也偏向肯定日本的貢獻，卻忽略了清朝劉銘傳在台灣現代化方面的努力，更輕描淡寫地帶過了蔣介石爲台灣工業化和經濟改革所打下的基礎。

這種扭曲歷史、刻意忽略事實的媚日史觀，讓人感到無奈。台灣的歷史，需要重新被正視和理解。我們不該選擇性地記住那些殖民者摻著台灣人血淚的所謂「貢獻」，而忽略了眞正爲台灣付出心力的時代與人物。這不只是一次歷史的光復，更是所有有良知的台灣人共同的使命。

伍 殖民時期的台灣人不是日本人

一、李登輝至死不知他從未是日本人

李登輝曾說，因爲他出生在日本殖民時期，所以他是日本人。這句話眞的對嗎？其實不然，這是他自以爲是的一廂情願。可悲的是，他直到過世都還認爲自己是日本人。但這種說法，就像是香港人在英國殖民時期，他們也不是眞正的英國人一樣。香港人只被當成「屬民」（subject），沒有英國的公民身分；而台灣人在日本殖民統治下，也是同樣的「屬民」，不是眞正的日本公民。

在日本的法律裏，台灣的漢人被稱爲「島人」，原住民則被標示爲「蕃人」，只有日本人自己才擁有「和人」的身分。即使日本推行所謂的「皇民化運動」，台灣人依然不被眞正當成日本人，他們只是不完整的「準日本人」。說穿了，台灣人只是日本殖民者眼中的「假日本人」，享受不到眞正的公民權利。

一八九五年，隨著日本在甲午戰爭中擊敗清朝，台灣被割讓給日本。日本對台灣的主權要求是「要地不要人」。他們只想掌控台灣這片土地，並不在意台灣的人民。日本政府甚至在《馬關條約》裏明白表示：台灣人可以在兩年內離開台灣，回到中國去當中國人。

而那些選擇留下來的，就只能當日本殖民地的「屬民」。日本人要的，是土地，而不是台灣人。

對當時的台灣人來說，離開這片由祖先辛苦開墾的土地，是很難的選擇。因此，大部分人選擇留下，但這並不代表他們甘願接受日本的殘暴統治。面對台灣人的不滿，日本的回應只有一個字：「殺！」在日本統治的五十年間，超過四十萬台灣人民慘遭日本軍警的屠殺，留下了無數血淚。

日本人從來不把台灣人當作「同類」。曾任台灣總督府民政長官的後藤新平，公開表示，治理台灣要遵循「生物學法則」。他的意思是，用治理日本人的方法來管理台灣人，就好比把比目魚的眼睛換成鯛魚的眼睛——完全不合常理。他認為，治理台灣人要根據他們的「本性」，以「鞭與糖」的方式控制，該打就打，該給甜頭就給甜頭。這種羞辱性的治理方式，充分反映了日本人眼中的台灣人，只是一群必須用鐵腕手段來管控的「他者」。

二、對日本再忠誠也還是次等人

一九三六年，日本總督小林躋造上任，開始推行所謂的「皇民化政策」，想要徹底抹去台灣人的文化和民族認同。隨著太平洋戰爭爆發，日本急需兵力，他們開始徵召台灣人入伍。但是，日本人始終不信任台灣人，即使推動了皇民化運動，日本人還是擔心這些台灣人不會對天皇忠誠，更懷疑他們不會拿槍砲對準中國大陸上的同胞。

因此，日本徵召的台灣人多半被派往東南亞作戰，很少有台灣人被派回台灣或送往中國戰場。他們甚至不敢讓台灣人組成獨立的軍隊單位。而另一方面，和中國移民沒有血緣關係的高山族原住民，卻被日本視爲可靠的戰力，並組成了「高砂義勇隊」。同時，日本人還用半強迫、半欺騙的方式，讓許多台灣婦女去當所謂的「慰安婦」，爲日本軍隊服務。

儘管如此，皇民化運動在文化上的成功有限，但在政治上的洗腦卻有了驚人的成效。一九四二年，日本在中途島戰役失敗後，開始在台灣招募志願兵。原本只打算徵募一千人，但竟然有超過四十二萬台灣人應徵！第二年再招募一千人，結果有六十萬人應徵；

一九四四年時，應徵人數更飆升到近七十四萬人。要知道，當時全台灣十七歲到三十歲的男性總人口也不過六十三萬多人。如此踴躍的應徵，讓日本政府感到非常意外，最後才放心地把台灣人派往中國大陸參與戰爭，成為日本侵略的幫兇。

根據統計，整個戰爭期間，共有超過二十一萬名台灣人加入日本軍隊，成為侵略戰爭的共犯。然而，在日本殖民統治下，台灣人卻從未像韓國或東南亞的殖民地一樣，發起過大規模的反日運動，也從未組織過反抗日本的游擊隊或政治組織。這是日本政治洗腦的成功結果，讓許多台灣人拋棄了林獻堂、蔣渭水等人的民族自尊，急於向日本表忠心。這一點上，台灣人確實不如韓國人。

更諷刺的是，台灣人拼命為日本效忠，但日本人始終把台灣人視為次等人。所謂的「我本將心向明月，奈何明月照溝渠」，說的正是這種情況。日本殖民政府成立了各種「皇民奉公會」，要求台灣人拿出實際行動來效忠天皇，積極支持日本的侵略戰爭。從一九三七年到一九四一年，台灣人捐出了一百八十四萬日圓的現金和寶物，僅次於東京和大阪，位居全日本第三，占日本帝國總捐獻金額的百分之四。連日本人都感到驚訝，台灣人對侵略中國的支持竟如此熱烈。

即便如此，二戰結束後，日本依然把台籍日本兵當作次等人。共有兩萬八千名台籍士兵為天皇戰死，然而這些人被供奉在靖國神社時，家屬只拿到了微薄的「弔慰金」，每人只有新台幣四十萬元，相當於正規日本兵的五十分之一。到了二〇〇〇年，日本政府才發放了「未付薪資」等五項賠償，但每位台籍士兵的家屬只拿到約兩萬元台幣，僅是日本兵的五十八分之一。

從公務員的任用上，也可以看出日本對台灣人的歧視。一九四五年，日本撤出台灣時，全台八萬多名公務員中，有46,955人是台灣人。但真正擔任簡任官的只有杜聰明一人，其他能當上薦任官的也只有二十七人，其中大部分還是醫生或教師。其餘的台灣公務員，不過是跑腿辦事的基層人員。

三、還是中國人把台灣人當自己人

一九四五年，日本戰敗後，台灣人的心情非常複雜。他們擔心自己成為了戰敗國的一分子，對未來充滿著擔憂與恐懼，但蔣介石所帶領的民國政府，卻把台灣人當成了中國人。過去那些曾參與日本侵略中國的台灣人，搖身一變，成為了戰勝國的國民。然而，諷刺的是，多年後，一些自認為是「日本皇民後代」的人，不僅不認同民國政府，反而以

「祖輩曾經是日本人」爲榮，稱民國政府爲「外來政權」。這種反差，成了台灣光復史上最大的諷刺。

如今，還有人把民國政府推行的「國語運動」，和日本殖民時期強迫台灣人說日語相提並論。事實上，兩者的性質完全不同。日本殖民政府的目的是徹底消滅台灣人的中華文化認同，是主子對奴隸般的控制。而國民政府推行國語，是希望讓台灣人更好地融入中國大家庭，擁有共同的語言與認同。兩者的出發點根本無法相比。

台灣光復後，台灣人終於成爲了自己國家的主人，擁有完整的公民權。他們可以參與選舉，甚至擔任高級公務員，當總統也不再是遙不可及的夢想。這些權利，在日本殖民時期是台灣人連想都不敢想的。那些至今還以「皇民後代」自居，並讚美日本殖民統治的人，應該停下來，好好反省。

只要台灣還有人認爲日本殖民統治是值得歌頌的光榮，只要有人自滿於自己的皇民身分，認爲那段殖民歷史是美好的，那麼台灣就還沒有眞正光復。我們需要讓更多人認識到，日本在殖民時期如何剝削台灣、如何掠奪資源、如何把台灣人當成次等人。唯有認清這些歷史眞相，我們才能迎來台灣眞正的光復。

陸

台灣需要找回真正的正義

一、「轉型正義」從鬥爭蔣介石開始

二〇一六年，當民進黨掌握了全面執政權後，蔡英文政府打著「轉型正義」的旗號，在台灣掀起了一場政治鬥爭的風暴。

「正義」應該是社會的道德底線，沒有正義的社會最終只會走向自我毀滅。然而，這些年來，台灣的「轉型正義」卻成爲了政治工具，變成了台灣最荒謬的話語之一。它的核心目的並不是追求眞正的正義，而是用來清算國民黨，瓦解中華民國政府在台灣的統治基礎，最終達到去中國化的目的。而這場鬥爭，從已經逝世的蔣介石開始。

蔣介石對台灣的光復和建設居功厥偉，所以許多地方以「中正」命名，以紀念他的貢獻。然而，一些台獨人士卻仿佛和蔣介石有著解不開的仇恨，他們不僅破壞他的銅像，甚至還在他的靈柩上潑紅漆。他們把這些行爲美其名曰「轉型正義」，但看在世人眼裏，只是一場滿懷憤怒和怨恨的鬥爭。

蔣介石對中華民族的貢獻不容忽視。北伐統一全國、領導抗戰避免中國成爲亡國奴，並光復台灣，讓中國成爲聯合國中的大國，擁有否決權的地位。古寧頭大捷與八二三炮戰，更讓台灣免於共產主義的威脅。蔣介石還在台灣推動土地改革，讓耕者有其田，促進中小企業的發展，實施地方自治和九年國教，讓佃農的子弟也有機會成爲總統。推動文化復興運動，讓台灣是一個有中華文化底蘊的地方，也使得台灣人在大陸人眼中，曾是一道美麗的風景線。

然而，蔣介石的這些貢獻，卻在一些皇民後代和台獨人士的眼中成了眼中釘。他們認爲，只要把蔣介石鬥臭，就能讓國民黨和中華民國的統治基礎一併瓦解，進而爲台獨掃清障礙。但這樣的「轉型正義」，眞的符合正義嗎？

抗戰勝利後，蔣介石與民國政府堅持台灣同胞也是中國人，使得台灣人從參與侵略戰爭的共業者，轉而成爲戰勝國的國民，而使得台灣人不受戰爭的追訴，也不必承擔侵略者的良心譴責，但是幾十年後的台灣，一群皇民化的子弟、台獨的支持者卻不拆解其銅像，不在其靈柩上潑紅漆，就難消心中之恨。這是什麼樣的一種價值扭曲？

一九四九年，國共內戰局勢崩潰之際，蔣介石帶著政府、軍隊和黃金外匯撤退到台灣，成功抵擋了中共的進攻。如果當時中共政權控制台灣，台獨根本沒有任何存活發展的空間，但很諷刺的是，現在台獨分子最痛恨的政治人物，卻正是當年保護台灣免於共產黨統治的蔣介石。

這樣的「轉型正義」，究竟是什麼？這樣的價值觀，究竟是在追求什麼樣的未來？

二、二二八事件成為民進黨與台獨的「提款機」

一九四七年的「二二八事件」原本是一段充滿悲痛的歷史，但如今卻成了台獨勢力攻擊蔣介石和國民黨的第一盆髒水。台獨支持者不僅把這個事件歪曲爲台灣人走向台獨的起點，還非要把蔣介石塑造成二二八的「元凶」和「劊子手」。

事實上，二二八事件一開始只是一場單純的警民衝突，但最後卻演變成了民兵武裝叛亂，甚至帶有推翻政府的意味。當時，作爲中央政府的領導人，蔣介石在台灣行政長官陳儀要求派兵平亂時，別無選擇，只能做出必要的處置。換作任何一個領導人，都不可能坐視不管。

我們不妨反問一下那些批評蔣介石的人：如果是在日本殖民時期，台灣人敢發動叛亂，日本人會怎麼處理？答案很簡單：日軍早就大開殺戒了。然而，蔣介石畢竟不是日本殖民者，他在電報中多次命令陳儀「不可報復」，要求控制局勢，避免更大的傷害。即便如此，台獨支持者依然把蔣介石扣上「屠夫」的帽子，毫無證據地指控他是二二八事件的

「元兇」。

有趣的是，曾任國史館館長的張炎憲，也是一位台獨支持者。他在《二二八檔案彙編》的序言裏寫道：「蔣介石是二二八的元兇呼之欲出，只是還找不到白紙黑字的證據而已。」這句話充分暴露了台獨勢力是如何用「莫須有」的罪名來攻擊蔣介石。

在台獨宣傳的操弄下，二二八事件被誇大成了所謂的「官逼民反」和「大屠殺」。爲了證明這一點，當時的李登輝政府宣布，只要登記爲二二八事件中的死亡或失蹤者，家屬就可以獲得六百萬元的新台幣補償。這樣的高額賠償，無疑是希望能吸引更多人登記。然而，即便經過了三十年的多次延長，最後登記的死亡或失蹤人數也只有八百多人。相比於日本殖民時期屠殺的四十萬台灣人，這個數字顯得少得多。然而，這些台獨支持者卻對日本殖民者的屠殺噤若寒蟬，從不批評。

民進黨已經執政十多年，本應還原二二八事件的眞相，但他們顯然不願意面對事實。他們更傾向於不停地利用二二八事件來挑動族群仇恨，把它當成台獨有理的「提款機」，製造族群仇恨，污名國民黨，從中獲取政治利益。

三、白色恐怖的本質被曲解

一九五〇年代的「白色恐怖」，成了台獨勢力丟向蔣介石和國民黨的又一盆髒水。當時，蔣介石確實嚴厲整肅了潛伏在台灣的共產黨地下勢力，但這些行動與所謂的「打壓台獨」無關。然而，台獨支持者卻把「白色恐怖」描繪成對台灣人民的迫害，把一切罪過都推到蔣介石的頭上，稱之爲國民黨威權統治下的恐怖行動。

二〇一三年，中國大陸在北京的西山建立了「無名英雄紀念館」，紀念一九五〇年代在台灣犧牲的共產黨地下工作人員。同年十二月十八日，《環球時報》報導，一九四九年前後，中共共派出了一千多名特工進入台灣，其中有一千一百人被國民政府依《戒嚴法》處決。而這些名單中，有八百多人竟與台灣所謂的「白色恐怖受難者」重名。這揭示了一個眞相：被稱爲「白色恐怖」的犧牲者，許多人其實是捲入國共內戰的共產黨特工，而非台灣的台獨人士。

這些犧牲的中共特工，就像台灣當年派往大陸的特工一樣，都是爲忠於各自的政權而捐軀的英雄。但台獨勢力卻選擇性地只爲這些共產黨特工討公道，並將蔣介石形容成威權統治下的「屠夫」，甚至有人將他與希特勒相提並論。

我們不禁要問：如果一九四九年，蔣介石沒有成功阻止共產黨渡海攻台，如果一九五〇年代毛澤東在台灣的布局得逞，今天這些皇民後代和台獨勢力還能有生存發展的空間嗎？恐怕他們早就被徹底清除，拔得一乾二淨。

當然，蔣介石和國民黨的政策不是不能批評，但一切批評都應該建立在歷史事實的基礎上。蔣介石和陳誠推動的土地改革，讓無數佃農終於擁有了自己的土地。諷刺的是，今天那些要清算鬥臭蔣介石的年輕人，很多都是當年受惠於土地改革的佃農子孫。

更讓人無奈的是，一些曾受民國政府庇護的外省人後代，爲了靠攏民進黨或台獨勢力，如今也加入了鬥爭蔣介石的行列，忘記了他們父祖如果留在大陸，可能也是黑五類，蔣介石與國民黨當年畢竟也提供了庇護，讓他們可以在台灣安定地成長。

事實上，二二八事件是中日戰爭遺留的產物，而白色恐怖則是國共內戰在台灣的延續。它們都是歷史上政權對抗中的悲劇，與族群仇恨無關。但今天，一些人卻打著「轉型正義」的旗號，無限上綱地扭曲歷史，把所有被民國政府處決的人都描繪成「受難者」，無論他們是暴徒、顛覆者，還是間諜。

台獨勢力的目的，不是追求眞正的正義，而是要醜化蔣介石和國民黨，進一步推動

「去中國化」，把民國政府描繪成「外來政權」，以此爲台獨掃清障礙。

四、蔣介石與國民黨的貢獻不應被抹煞

今天，台獨勢力宣稱過去的蔣介石與國民黨時代是不正義的，必須透過「轉型正義」來清算。然而，這些指控卻無視了一個不爭的事實：正是在蔣介石與民國政府的治理下，台灣度過了經濟發展最燦爛的黃金十年。

一九六〇年代的台灣，每年的經濟成長率都超過10％，物價上漲率不到4％，出口占GDP的比例超過24％，儲蓄率超過20％。這樣的成就，無論是荷蘭人、鄭成功、大清帝國、日本殖民政府，還是今日的台北政府，沒有任何一個時期的統治者能超越。然而，這段黃金歲月卻在台灣的教科書中被刻意忽視。

在那十年間，台灣歷史上困擾已久的乞丐和無業「羅漢腳」現象幾乎絕跡。那也是台灣邁向現代化的關鍵十年。如果沒有這段時間奠定的基礎，蔣經國後來的經濟建設不可能有如此巨大的成功。無論怎麼評價蔣介石的功過，他在那個時代爲台灣打下的根基，是任何一位後來的領導者無法超越的。然而，如今台灣年輕一代卻只記得蔣介石是「獨裁統治

者」，國民黨則被貼上了「外來政權」的標籤。

即便在兩岸對峙的年代，台灣實行戒嚴，民國政府依然推動地方自治，爲後來的全面民主化奠定了基礎。日本殖民政府在台灣的五十年間，從未考慮過讓台灣擁有這樣的自治權。九年國教的推行，提高了國民素質；復興中華文化，讓台灣成爲中華文化的重要基地，這些都是蔣介石與民國政府的無可抹滅的貢獻。

蔣經國延續了父親的努力，推動十大建設，建立新竹科學園區，讓台灣在半導體產業上崛起，成爲世界矚目的科技強國，甚至躋身亞洲四小龍之列。然而，這些成就卻不被台獨勢力承認。他們認爲，台灣的繁榮應該歸功於日本殖民時期的基礎建設，和美國的經濟援助，而國民黨推動的地方自治，只是拉攏本土勢力的手段，而台灣的全面民主化，是他們鍥而不捨鬥爭與美國的壓力所致。

這群台獨者，他們把蔣介石推動的中華文化復興，看成是中國文化在台灣的「霸權」展現，因此必須加以對抗。他們把兩蔣和國民黨的黨國體制描述成不正義的象徵，主張必須徹底清算。但他們卻對日本殖民時期的專制統治毫無批評，這難道不更諷刺嗎？

蔣介石與蔣經國一生都不曾讓「中華民國」的燈火熄滅，但令人痛心的是，他們的後繼者卻一個個背離了他們。他們拉拔的政治人物，面對蔣介石被台獨分子攻擊時，大都選擇保持沉默；當歷史教科書逐漸「去中國化」的過程中，他們也選擇噤聲不語，即使有了權力，也沒有做到撥亂反正。當兩蔣時期被定位爲「不正義」的年代，他們也沒有奮力抗爭，反而是選擇保持距離，深怕影響到他們「客觀中立」的個人形象，影響到他們未來的政治前途。悲哀的是，不只是兩蔣政治上的繼承者，連兩蔣自己的子孫，也不願捍衛紀念蔣中正的中正紀念堂。

當所有的仇恨都能被「轉型正義」合理化，當眞相可以被扭曲、事實可以被抹黑，這樣的台灣光復還有什麼意義？只有重新認識蔣介石與國民黨對台灣的貢獻，台灣才能從現在的鬥爭與清算中重生。在台灣光復八十週年之際，我們迫切需要的是「正義的再光復」，而不是選擇性地抹殺歷史。

柒

台灣必須從「文化台獨」中再光復

一、四百年前中華文化已在台灣扎根

台灣的中華文化深深扎根，這不是一朝一夕的事情，而是經過了四百年的傳承，一代又一代人用心守護，才讓這片土地充滿了濃厚的文化底蘊。曾有大陸的朋友感嘆：「台灣最美麗的風景是人。」這句話，其實就是對台灣人身上那股溫潤中華文化魅力的最好讚美。

早在明鄭時期，中華文化就開始在台灣落地生根。當時在今天的台南興建了台灣第一座孔廟，開啓了儒學在台灣的傳統教育風潮，讓儒家思想成爲社會的重要支柱。那個時候，建立學堂，推動基礎教育，是爲了讓更多孩子能讀書識字。同時，帶有忠孝節義精神的廟宇，如關帝廟和岳飛廟，也在各地建立起來，這些廟宇成爲了人們精神寄託的重要場所。

隨著漢人移民的到來，大陸原鄉的信仰也一同傳入台灣。各地的廟宇奉祀的神明，像玄天上帝、觀音菩薩和東嶽大帝，至今依然受到台灣民眾的敬仰。這些信仰不僅豐富了人們的心靈，也成爲了社會文化的重要一環。

到了清朝時期，台灣的文教發展更進一步，是台灣在文化發展史上的重要里程碑。清廷不但在台灣設立府、縣儒學，還給予台灣參加科舉考試的特別名額，顯示對台灣人才的重視。一八二三年，台灣誕生了第一位「開台進士」——鄭用錫。

書院在台灣的文化傳承中也扮演了關鍵角色。像台南的崇文書院、鹿港的文開書院，以及艋舺的學海書院，都是當時重要的文教中心，吸引了許多地方士紳和青年才俊在此求學。

同時，民間信仰也在台灣發揮了重要作用。來自大陸的神明，從祖廟分靈而出的，像是鹿港的天后宮、台南的大天后宮、北港的朝天宮，以及大甲的鎮瀾宮，逐漸成爲地方社會的精神支柱。地域性神明如漳州人的開漳聖王、同安人的保生大帝、安溪人的清水祖師、泉州惠安、南安、晉江三縣人的廣澤尊王，粵籍潮州的三山國王也到了台灣各地。不同族群的居民共同祭拜某位神明，形成了「祭祀圈」，不僅祈求神明保佑，還讓彼此的情感更加緊密。這些祭祀活動，不僅是宗教儀式，更成爲了凝聚社會力量的象徵。

從早年的儒學教育，到今天仍然活躍的廟宇文化，台灣的每一寸土地都充滿了中華文化的痕跡。這些傳統不僅是歷史的見證，更是台灣人生活的一部分。台灣的文化，正是因爲與中華文化緊密相連，才有了今日的豐富和多元。要是我們忘記了這些根源，陷入「文化台獨」的迷思，那麼我們就等於失去了這塊土地上最珍貴的精神財富。

二、日本皇民化去不了中華文化

日本在殖民台灣期間，想盡辦法推動「皇民化」，企圖連根拔起台灣的中華文化和信仰。他們發動了所謂的「正廳改善」運動，要求家庭把傳統的神桌改成供奉日本神道的神桌，還要把媽祖、觀音等神像丟掉，換上日本天皇的照片。然而，除了極少數被迫接受皇民化的家庭外，幾乎沒有人會眞的去祭拜日本的天照大神或什麼「神符」、「神宮大麻」。

日本殖民政府不僅限制台灣人的宗教信仰，還直接鎭壓道教的廟宇和寺廟。很多廟宇被迫拆除，參拜活動也被嚴格禁止。他們針對的，是所有象徵中國文化和民族精神的信仰。例如，當年劉銘傳建造的台北大天后宮被拆除，台南的大天后宮被改成了日本神道教的布教所，甚至連彰化鹿港的龍山寺也被強制變成了神道教廟宇。在這場打壓中，台灣的廟宇數量減少了三分之一。

但是，即使面對如此嚴苛的打壓，台灣人依然想盡辦法保護自己的信仰和文化。爲了保住從大陸傳來的神像，許多人冒著被抓的風險，把神像藏得嚴嚴實實。有人將神像包在棉被裏，有人甚至把它們藏進廚房的角落，只爲了躲過日本警察的搜查。

一九四五年日本投降後，那些曾被藏起來的神像一一重見天日，回到原本的神壇上，繼續守護著台灣的人民。這一切，正是中華文化在台灣生根的最好見證。即使日本軍國主義的無情摧殘，也無法抹去這片土地上深厚的文化底蘊。台灣的中華文化不僅沒有消失，反而在壓迫中更加茁壯，展現出無比旺盛的生命力。

三、台灣錯過了從邊陲到中國核心的機會

台灣雖然擁有豐厚的中華文化底蘊，但在中國歷史和版圖中，它一直是邊緣地帶，而非中心。自地理大發現以來，台灣扮演的更多是國際航線上的轉運站角色。無論是成爲漢人開墾的樂土，還是不幸淪爲帝國主義爭奪的戰場，台灣的地理位置決定了它大多數時候都是各政權的邊陲，難以成爲政治、經濟或文化的焦點。

然而，一九四五年台灣光復，結束了日本的殖民統治，台灣回到了中國的懷抱。這段歷史並不只是重回中國這麼簡單，台灣還迎來了一次能夠進入中國核心的機遇。一九四九

年對民國政府而言，無疑是個失敗的年分，但對台灣而言，卻是歷史上少有的「春天」。民國中央政府的遷台，徹底改變了台灣的政治、經濟與文化地位。

這次南遷，與東晉永嘉之亂和南宋靖康之亂後的兩次南遷，並列為中國歷史上的三大遷移事件。這一波一九四九年的遷徙，帶來了不僅是大量的文物、檔案，更有大批文化與教育菁英。可以說，民國政府的到來，讓台灣成為了五四精神的延續者和中華文化的守護者。一九六〇年代，台灣推動了「中華文化復興運動」，中華文化在這片土地上深深扎根，台灣逐漸成為全球華人世界的文化燈塔。

到了一九七〇年代，台灣的經濟開始快速起飛，政治民主也逐漸深化。那時的台灣，展現出無比的活力和希望。這一切讓台灣一度不再是中國的邊陲，而有機會眞正成為整個中華文化圈的核心。這是台灣歷史上前所未有的時刻——不再只是被動的邊緣角色，而是有能力影響整個中國的未來。

如果台灣繼續這樣發展下去，台灣的確有機會引領整個中國的發展，但歷史總是充滿戲劇性與反諷。這個來之不易的機會，並不是被外力打斷的，而是台灣自己內部帶頭阻斷了這個趨勢。有人選擇自我封閉，拒絕與中國大陸的聯繫；有人選擇與大陸政權對抗，他們不僅走上了「去中國化」的道路，還推動了「文化台獨」，試圖割裂台灣與中華文化的連結。

台灣本來有機會引領中國，成爲整個中華世界的核心，但最終卻選擇了內耗和分裂。這段歷史的選擇，不禁讓人感嘆台灣錯失了如此難得的契機。

四、台灣開始「文化台獨」

自一九九〇年代以來，隨著台灣的民主化，一些政治人物開始利用社會上的認同差異，來鞏固自己的選票。他們刻意強調「統派或獨派」、「台灣人或中國人」、「本省人或外省人」的對立，把國民黨與民國政府視爲外來政權。從那時開始，台灣社會的裂痕愈來愈深。在接下來的二、三十年間，這些人不斷推動台灣在政治上要遠離中國，在文化上「去中國化」，在經濟上則要與中國保持距離。

然而，台灣選擇遠離中國的結果，讓它又回到了最初的地理位置——重新成爲邊陲。特別是當中國大陸的經濟快速崛起、政治力量日益強大，且重新弘揚中華文化時，台灣已經失去了成爲中國核心的機會，再次被推向邊緣。

對推動「去中國化」的分離主義者而言，他們並不在乎台灣成爲邊陲，他們要的是徹底脫離中國、實現台灣獨立。然而，當獨立在法理上與現實政治中根本無法實現時，他們便轉向宣示性的「口頭獨立」和軟性操作的「文化台獨」。他們通過改變歷史教育、文化認同，讓台灣人在情感上和文化上逐漸遠離中國。

兩蔣時代，台灣人的身分認同很清楚——「我們是中國人」，而台灣的歷史自然也是中國歷史的一部分。然而，從李登輝開始，政治人物刻意操作台灣人與中國人這兩種身分認同的對立。在歷史教科書中，台灣史雖然仍在中國史的框架內，但已經逐漸被割裂成一個獨立的部分。到了二〇〇〇年陳水扁執政後，台灣史徹底從中國史中抽離，成爲一本完全獨立的教材。

即便二〇〇八年到二〇一六年馬英九執政，他也未能做到撥亂反正。台灣史與中國史依舊是分離的，即使有民間要求課綱微調，但最終也沒有任何的改變。二〇一六年蔡英文上台後，更進一步把「中國史」改爲「東亞史」，徹底讓中國史在教科書中退場，成爲「東亞歷史」的一小部分，簡化和碎片化了中國歷史在台灣教育中的位置。

不僅如此，「中華文化基本教材」也退出了語文教育，文言文的比例大幅刪減。過去的「公民與道德」課，強調的是倫理與道德，但如今，教育重點只剩下公民的權利與義務，而忽略了傳統文化中的價值觀。

以「去中國化」爲目標的「文化台獨」的核心有兩個層面：一是建立「台灣人不是中國人」的身分認同，二是在文化上淡化中華文化，將中華文化的地位降爲與其他多元文化並列。

經過將近三十年的「去中國化」的教育和政治操作，的確產生了效果，台灣人的認同發生了巨大的改變。台灣政治大學的長期民調顯示，如今，只有大約三成的台灣人認爲自己也是中國人，而有六成五以上的人認爲台灣人不是中國人（如圖一）。根據其他一些民調顯示，在年輕世代中，不認同自己是中國人的比例更高達八九成。

這種身分的改變，不僅削弱了台灣在兩岸關係中的話語權，更可能使兩岸關係走向對抗和戰爭。要讓台灣重新找到自己的定位，必須重建台灣人「也是中國人」的認同。這不僅攸關台灣的未來，也是台灣實現眞正光復的重要一步。

五、中華文化是台灣多元文化的主體與核心

中華文化明明就是台灣多元文化的主體與核心，但民進黨卻硬生生想揑造出一套完全沒道理的說法。他們說的是中文、過的是中國的節日、拜的是中國的神明，明明深受中華

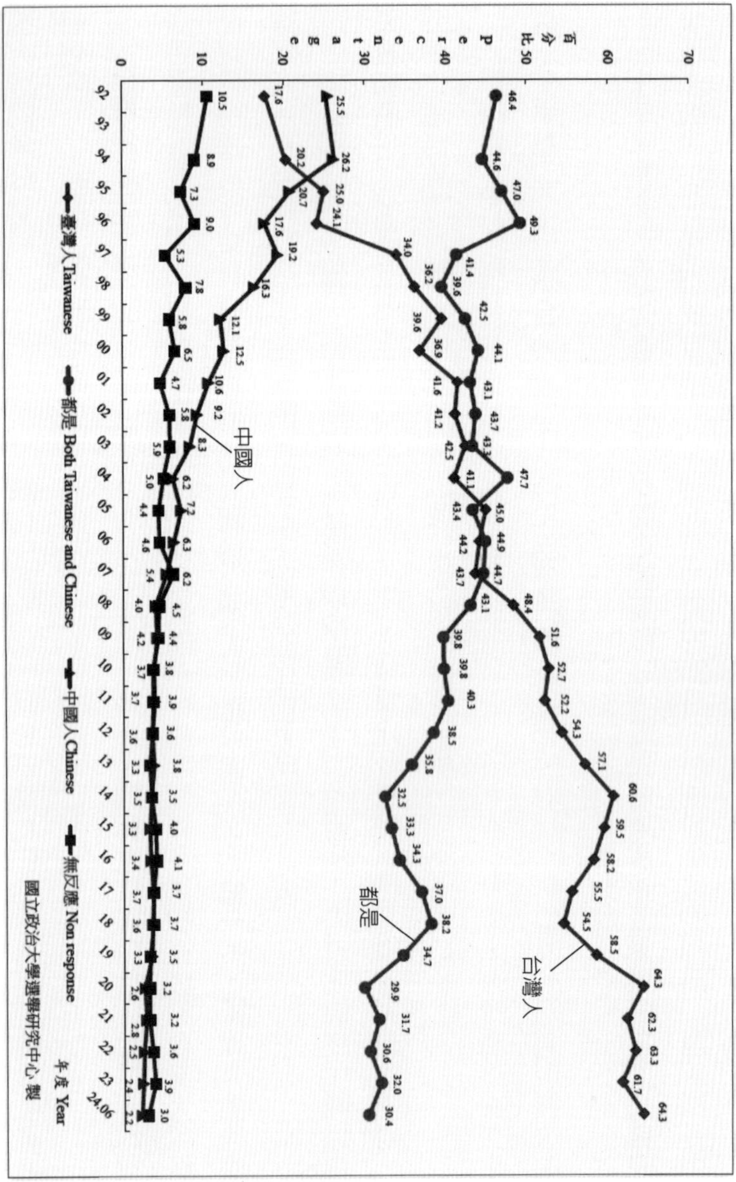

圖一　台灣民眾台灣人／中國人認同趨勢分布（1992-2024.06）

文化的影響，但他們知道自己根本不可能完全擺脫這個事實。所以他們乾脆用另一個手法，試圖削弱中華文化在台灣的主體性，把中華文化和其他文化放在同等地位，好像我們的傳統文化就沒什麼特別似的。

台灣教育部更進一步，規定教科書必須強調「台灣是多元文化社會」，而且不准再提「台灣是以中華文化爲主體的多元文化」。表面上他們說是爲了平等對待不同文化，但背後的目的，其實是要藉著「多元」這個概念，逐步淡化中華文化的主體性，以方便他們推動「去中國化」。

民進黨的說法是，因爲台灣有原住民，也曾經被荷蘭、西班牙、日本殖民，最近還受到美國的影響，所以台灣的文化很「多元」，而漢人帶來的中華文化，只是其中之一而已。

但我們不妨仔細看看，其他文化到底對台灣影響多深？有學者說，台灣最早的文化可以追溯到舊石器時代的長濱文化、新石器時代的大坌坑、圓山、卑南文化，甚至後來的鐵器時代的十三行文化、蔦松文化、靜浦文化。可是這些文化的族群後來都神秘消失，甚至跟現在的原住民也沒有確切的關聯。如果硬要說有，那這些族群的根源，應該也是來自中國大陸。

荷蘭是以聯合東印度公司的名義來到台灣，最著名的安平古堡是荷蘭時期所建，但是所有的建築材料與工人，都是來自於大陸的漢人。當時來台的荷蘭人並不多，其生活習慣也幾乎沒有對當地人有影響。西班牙人在台期間也只有十多年，而且並沒有在台灣北部建立起自己的殖民體系，而只是散居做一些生意買賣，當時的一些碉堡早已無影無蹤，如果要說荷蘭與西班牙為台灣留下多元文化的因子，眞的是牽強得不得了，只能說是出於「政治需要」了。

原住民文化的確是台灣多元文化的一部分，而且有著非常豐富的獨特色彩。但是如果從代表性或主體性來看，漢人在不同階段大量移民台灣，經過繁衍，目前有漢人血統者占台灣人口比例百分之九十八，比中國大陸、香港、新加坡的漢人比率還高。這些漢人的價值觀幾乎全部都受到中華文化影響，生活中也多是中華文化與習俗。原住民文化固然是台灣多元文化的一個部分，但是如果硬要將其做為台灣文化的代表，那就是有「政治需要」的操作，只是利用原住民文化來壓制或排除中華文化罷了。

日本人殖民台灣五十年，也嘗試用「皇民化」改變台灣人認同，放棄中華文化信仰，但是日本人最終讓台灣人都信仰神道了嗎？即使今天台灣人喜歡吃日本料理、追求日本文化，但這些都只是生活習慣的一部分。就像有人愛吃法國菜、住美國豪宅、看好萊塢電影一樣，這只能算是「生活多元」，不代表文化的主體。

我們要瞭解，無論是生活中的多元，還是文化中的多元，終究還是有主次、有核心的。日本的文化中有的來自中國，民主制度來自美國，但是日本人未曾強調自己是個多元文化的國家。美國自稱多元文化國家，但基督教文化和英語，無疑是美國文化的主體與核心。

眞正的多元文化不是拋棄自己的根，而是在根的基礎上，包容和接納其他文化。在台灣，中華文化的分量和影響力，遠遠超過其他文化或習慣。這不是所謂的「中華文化霸權」，而是歷史和現實的事實。那些不願承認的人，只是在做「去中國化」的政治操作罷了。

六、讓中華文化在台灣再光復

一群「文化台獨」者無法抹去中華文化的存在，就選擇在台灣的文化教育中淡化中華文化的地位。這背後的目的，其實很明顯，就是在爲「去中國化」鋪路。一些推動文化台獨的人心中簡單地想著，既然「法理台獨」眼下難以實現，那麼不如從文化入手，一步步累積未來獨立的基礎。然而，他們似乎忽略了核心問題——文化台獨雖看似是台灣的內部問題，但其影響卻早已超出島內，牽動著兩岸的敏感神經。台獨的另一層意涵是什麼？戰爭。當文化台獨一步步走向「成功」的時候，戰爭的腳步就愈來愈接近台灣。

中華文化，曾經是台灣的驕傲與優勢。然而，當台灣選擇逐漸疏遠這份文化底蘊，自我放棄，甚至弱化它的時候，台灣在兩岸的話語權和影響力也隨之減弱。而對於那些對中華文化缺乏瞭解、對中國歷史認識膚淺、甚至對中國文字都逐漸生疏的年輕人來說，這樣的疏離只會讓他們未來的競爭力大打折扣，失去更多可能性。

當年台灣被日本統治五十年之久，然而在光復時，台北的街頭仍然張燈結彩，人民滿懷喜悅地慶祝自己的回歸。如今，情況卻截然不同，大多數台灣人已經不再認同自己是中國人，反而積極地去中國化，甚至削弱中華文化的影響力。試想一下，這樣的景象，對於八十年前那個盼著光復的台灣，是多麼的諷刺。

台灣需要再次從文化台獨的手中「光復」，讓人民重新認識中華文化的深厚價值，並理解兩岸雖由不同的政權治理，但我們依然是一脈相承的中國人；數以萬計的台灣宮廟、神祇信仰，都來自於中國大陸的傳承。中華文化，是連結兩岸的最大公約數，是台灣最寶貴的資產，也是我們可以驕傲地展示給大陸同胞的珍貴資源。

五十年的日本殖民，推動的皇民化運動，最終都無法動搖中華文化在台灣的根基。「台灣人不是中國人」，這句話只是一些政客的謊言罷了，必然經不起血緣與歷史的檢驗。我們對中華文化在台灣的再光復抱有信心。然而，即便如此，文化台獨的陰影依舊籠罩著這片天空，一個不小心，可能就會給台灣帶來深重的災難。中華文化在台灣的再光復，應該是我們在光復八十週年之際，應當去努力的方向。

捌

台灣的地位與前途並非未定

一、戰時就已經決定把台灣歸還中國

一九四五年台灣光復，台灣重新回到祖國的懷抱。這個祖國，當然就是中國。當時的中國，就是中華民國。但是沒有想到，台灣光復已經八十年的今天，台灣卻還是有一些人主張，台灣的地位未定。他們的意思是：日本打輸了，但沒說要把台灣交給誰。所以，這些人就開始鼓吹，既然台灣的地位不確定，那台灣人就有權選擇獨立。甚至有些人乾脆不用「光復」這個詞，跟日本人一樣說「終戰」，避開戰敗的事實。但問題是，台灣的地位眞的未定嗎？

台灣的地位，早就在《開羅宣言》中講清楚了。一九四三年中國、英國、美國聯合發表的《開羅宣言》，明確地說：「日本從中國竊取之全部領土，例如滿洲（東北）、台灣和澎湖，應復歸給中華民國。」這裏用「竊取」（has stolen）這個字，意思就是說，日本當年拿下台灣，不是正當的，而是用武力逼迫中國交出來的，所以那是一場掠奪，而不是合法的領土轉讓。因此，二戰結束後，台灣應該歸還中國。

但還是有人說：「《開羅宣言》只是宣言，不算法律文件，而且日本也沒參加，所以不算數。」如果這樣想，那我們再看看接下來的《波茨坦公告》和《日本降伏書》。一九四五年，《波茨坦公告》重申了《開羅宣言》的內容，要求日本無條件投降，並且接受所有條件。當年八月，日本正式簽署了《降伏書》，同意遵守《波茨坦公告》。所以，從法律的角度來看，日本在投降的那一刻，就已經確認了：台灣要歸還中華民國，這沒什麼好爭的。

日本投降後，當時的台灣總督安藤利吉也很清楚。他馬上警告幾位想搞獨立的台灣士紳，包括杜聰明、辜振甫等人。他對他們說：「不要再想什麼台灣獨立，否則日本軍隊會出面鎮壓。」接著，他還在《台灣新報》上發表談話，直截了當地說：現在台灣的獨立運動，不管是日本人還是台灣人參與，都不被允許，這只會給台灣與日本帝國帶來更大的災難。他的意思很明白，日本已經輸了，台灣已經是中國的了，不要再搞事了。

總結來說，歷史和國際法的文件一層一層地證明，台灣在戰後就已經歸還中國，不存在什麼「地位未定」的問題。不管是《開羅宣言》、《波茨坦公告》還是《日本降伏書》，所有的文件都指向同一個事實，那就是，台灣的光復，是戰後正義的實現，台灣已是中國的領土。那些抹黑台灣光復，硬要把日本「戰敗」說成「終戰」，明明是台灣光復，卻硬要說是「台灣地位未定」的說法，根本就是胡扯，不過是某些人爲了台獨政治目的，故意挑起的謊言罷了。

二、台灣人從戰敗國的屬民變成了戰勝國的國民

當日本宣布戰敗時，很多台灣人心裏眞的是五味雜陳、忐忑不安。畢竟，當年有不少人是跟著日本人一起參與了對中國和東南亞的侵略。他們害怕得要命，擔心自己會不會被當成侵略戰犯來清算。如果台灣的地位眞的「未定」，那麼台灣人的身分也不明不白，到底會不會被追究責任，沒人說得準。

但誰能想到，命運在一夜之間就發生了戲劇性的轉變！一九四六年初，民國政府在南京宣布了《台灣同胞國籍回復令》。這一下子，台灣人身分直接大翻盤！他們從原本日本的「戰敗國屬民」，瞬間變成了戰勝國的國民。那些當年跟著日本一起參戰的台灣人，本來可能會被視爲戰犯，但現在不僅沒有遭到清算，反而因爲恢復了中華民國國籍，免除了所有刑事責任和道德上的指責。

而且，不只是刑責沒了，連財產也受到保障！按照中華民國的法律，他們的財產不會被沒收。甚至，那些在日本殖民時期改名換姓、棄祖背宗，努力成爲「皇民」的台灣人，

也免於像南北韓那樣，被打成「漢奸」。這樣的待遇，在當時可是相當仁慈的。

然而，歷史的發展卻充滿了諷刺。八十年後的今天，還是有人死抱著「台灣地位未定」的說法不放。他們說台灣沒有回歸中國，說什麼「台灣還能追求獨立」。可是他們想過沒有？如果台灣地位眞的未定，那當年台灣人不是就應該和日本侵略者一樣，被當成戰爭的共犯嗎？哪還有什麼戰勝國的待遇？要是這樣，台灣人當年不但沒資格成為戰勝國的國民，甚至可能會淪為被懲治的對象，失去所有的財產和權利。

回過頭來想想，那些當年恢復國籍、擁抱中華民國的人，是多麼幸運，從「戰敗者」變成「勝利者」，這樣的轉變有多不容易啊！可是今天有些人卻不僅忘了這段歷史，還反過來說台灣不屬於中國，甚至抹黑當年的歷史。這不是太荒謬、太忘恩負義了嗎？

三、美國和台獨勢力操作「台灣地位未定」

一九四九年國共內戰讓兩岸隔海而治，坦白說，如果沒有這場分治，台灣地位根本不會成為一個問題，因為台灣早就光復歸還給中國了。但兩岸的分治和對抗，卻讓所謂的「台灣地位未定」成為了被利用的藉口。

一九五〇年，韓戰爆發，原本美國想和中共建交的計畫被徹底打亂。同時，美國也轉變了對台灣的態度。本來美國是不管台灣死活的，甚至準備放手讓中共進攻台灣，但韓戰的爆發，讓美國突然意識到，台灣可以成爲它在西太平洋的反共堡壘。於是，美國打出了一張新牌：「台灣地位未定」。

但這個說法並不是美國對台灣的眞心支持，而是一個政治手段。美國並沒有眞正力挺蔣介石領導的民國政府，而是故意聲稱台灣地位未定，這樣它就可以名正言順地插手台海事務。美國總統杜魯門當時甚至公開表示：「台灣的未來，必須等到太平洋的安全恢復，或是透過與日本的和平協商，甚至聯合國的討論才能決定。」就是這番話開啓了「台灣地位未定論」，但我們必須明白，這根本只是美國單方面的政治說詞，完全沒有任何國際法依據。

到了一九六九年底，中共對美國伸出了橄欖枝，美國的態度也立刻轉變。一九七一年七月九日，季辛吉偷偷跑去北京，直接向中國承諾：「美國不再發表任何『台灣地位未定』的言論。」隔年，一九七二年，美中共同發表了《上海公報》。在這份公報裏，美國明確表達：「美國瞭解台灣海峽兩邊的所有中國人都認爲，只有一個中國，台灣是中國的一部分。」美國的立場是「不提出異議」，也就是從此美國不再玩「台灣地位未定」這個政治遊戲。

所以，所謂的「台灣地位未定論」，是美國出於戰略考量的權宜之計，但這個說法早在一九七二年就被美國自己打臉收回了。然而，令人難過的是，到今天還有一群台獨分子拿著這種過時的說詞在欺騙台灣人民，還在煽動「台灣地位未定」的謊言。他們一邊說台灣沒有光復，一邊抹煞台灣的歷史。

這種荒謬的言論，說穿了，就是一場對台灣光復的諷刺和悲哀。只要這些謊言還有人相信、還有人宣揚，台灣就永遠沒有眞正光復的一天。

四、美國支持「台灣未來統獨未定」的說法

一九四五年，台灣光復，重回了祖國的懷抱，而當時的中國就是中華民國。然而，一九四九年後，中國的版圖上卻同時出現了兩個政權：一邊是新成立的中華人民共和國政權，另一邊則是戰敗撤退到台灣的中華民國政權。於是，一個新的問題出現了：台灣這邊的中華民國政權，還能代表整個中國嗎？

在一九七一年以前，中華民國政府一直是國際上公認代表中國的合法政府。然而，聯

合國二七五八號決議案通過後，這一切都變了。聯合國宣布，代表中國的唯一合法政府是中華人民共和國政府。從此，中華民國在國際上失去了代表中國的地位，台灣也不再談什麼「統一全中國」的雄心壯志。取而代之的是一個新問題：「台灣的未來到底在哪裏？」要繼續追求統一嗎？還是乾脆選擇獨立？還是維持現狀不變呢？

台灣政治大學這些年來的民調顯示，在統獨立場上，主張「永久維持現狀」、「維持現狀再決定」與「傾向獨立」的比率分居前三名。傾向台獨的人覺得，只有台灣眞正獨立、與中國切割清楚，才能確保台灣的生存和自由。但也有不少人認爲，不需要放棄「中華民國」，而是維持「不統、不獨、不武」的狀態更爲理想。於是，慢慢地，「中華民國台灣」這個認知就出現了。對他們來說，無論政權叫中華民國、台灣，還是中華民國台灣，只要能讓兩岸長久維持現狀就好。如果改變這個現狀，就必須經過台灣人民的共同意願才能決定。

長期以來，美國也一直支持這種「不統、不獨、維持現狀」的立場。然而，最近美國的言論開始有些微妙變化。就像一九五〇年代，美國提出『台灣地位未定論』來介入台海一樣，如今，美國開始爲自己的利益打出「台灣未來前途未定」這張牌。他們甚至改變了對聯合國二七五八號決議的解釋，表示這個決議跟台灣無關，只和中華民國退出聯合國的

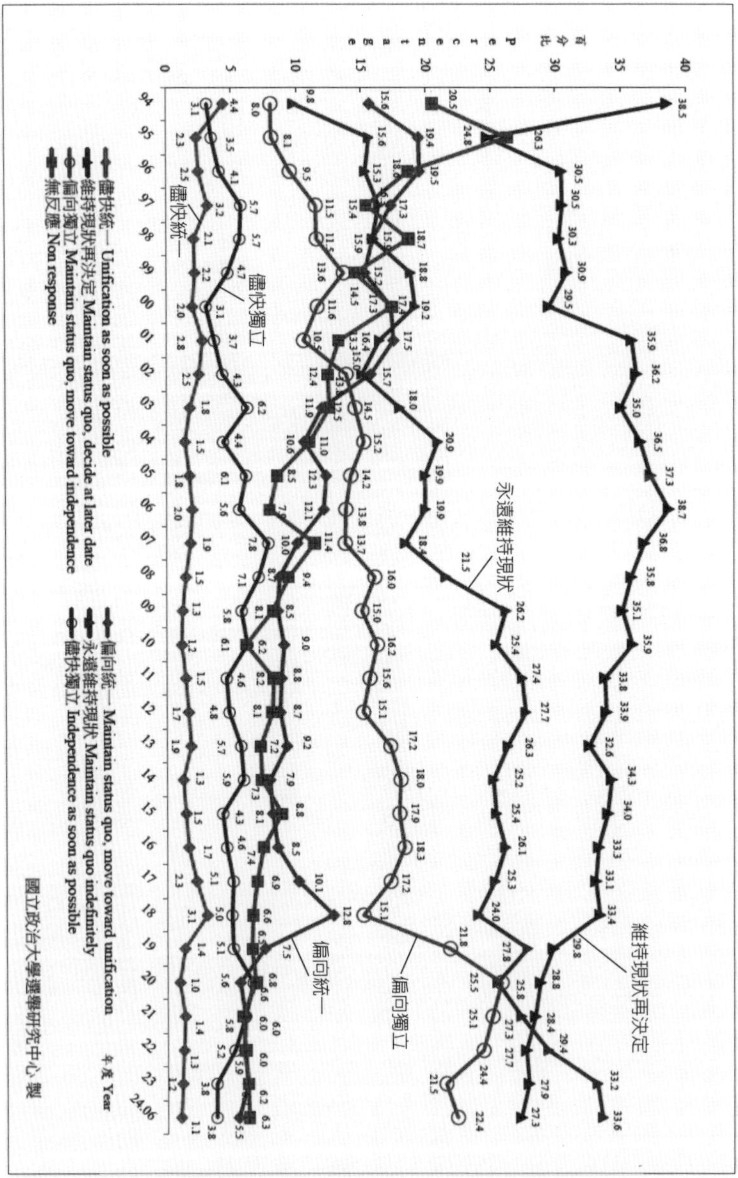

圖二　台灣民眾統獨立場趨勢分布（1994-2024.06）

事情有關。美國的這番話等於是在暗示：台灣跟一九七一年退出聯合國的中華民國沒關係，跟現在的中國大陸政權也沒關係。美國的態度是，台灣的統獨前途由台灣人民自己決定。

但是，台灣人不能天眞地以爲美國會全心全意支持。美國從來都是基於自己的利益在做選擇。不管是當年的「台灣地位未定論」，還是現在的「台灣統獨未定論」，都只是美國的戰術手段，隨時可能改變。

我們必須清楚地認識到，兩岸關係不是兩個外國的關係，而是中國內戰的延續，是中華民族的內部事務。台灣的未來不可能單方面地只由台灣人自己的意願決定，因爲大陸也有他的意志和想法。台灣不能一味地選擇對抗，也不可能永遠維持現狀地拖下去。找到一條和平共處、共同在相互尊重與包容的基礎上，商討未來的道路，應該才是最符合兩岸與中華民族利益的選擇。

玖

台灣要從「再殖民化」中再光復

一、台灣自我接受美日的再殖民

二戰結束後，全球掀起了一波去殖民化的浪潮，許多被殖民地區紛紛獲得獨立。然而，台灣的歷史卻走上了不同的道路，台灣並不是獨立，而是回到了原生母國中國的懷抱。

更特別的是，這個原本的母國中華民國，還和殖民者日本打過一場生死決戰。我們需要瞭解，因爲台灣是日本的殖民地，因此，當時台灣是被迫站在日本這一邊。即使是被迫，還是有些人，特別是年輕人與皇民權貴，在心裏上是支持日本的。

當年不少台灣年輕人參與了日本侵略中國和東南亞的戰爭。根據日本厚生省的資料，一九四二年至一九四五年間，有超過二十萬名台灣人被徵召去爲日本打仗。皇民家庭更是支持日本。雖然這些「皇民化」的人數比例並不高，只占了全台人口的百分之二，但這些家庭多數是社會中的中上層。在台灣光復後，他們成了親日勢力的核心──像李登輝、蔡英文的家族，他們對於自己的日本身分認同，深深影響了他們對中國的態度。他們對日本有一種莫名的懷念，對中國則充滿了敵意。

在同樣被日本殖民的韓國，他們在戰後進行了一場徹底的反日去殖民運動，但台灣卻沒有發生類似的行動。台灣光復後，中華民國政府把台灣人民當成是自己的同胞，因此，即便有些台灣人曾經爲日本侵略中國賣命，他們也沒有因此被追究責任。這些皇民家庭的土地和財產都得以保留，甚至還能繼續在地方政治中展現影響力。

一九四九年，民國政府敗退到台灣後，爲了鞏固政權，選擇拉攏這些親日的皇民化家族。地方自治和民主選舉的制度，也讓這些家族有了更多參與和影響的機會。可悲的是，日據時期爲抵抗日本而犧牲的抗日英烈並沒有被歌頌，反而被掩沒。而由於國共意識形態的對抗，一些屬於左翼的抗日英雄，因爲偏左的政治立場而沒有得到應有的光榮，甚而有些還遭牢獄或殺害之災。因此，一九四五年光復以後的台灣，並沒有發生針對日本殖民的系統性地去殖民化及反殖民化運動，一直到今天都仍然沒有。

更諷刺的是，這些曾經被日本殖民的人，竟然把一九四九年來台的外省人看成了「外來政權」，而當時善待他們的民國政府反倒成了他們口中的「殖民者」。這就是台灣歷史上最荒唐的一幕——光復台灣的政府，卻成了「外來政權」，而日本殖民卻被美化。

一九四九年之後，台灣的國民黨政權與中國大陸的共產黨政權展開了長達三十年的軍事對峙。在這樣的局勢下，國民黨視中共爲敵人，將其當作可能的入侵者。而爲了在冷戰中尋求保護，台灣也不得不接受美國的庇護，逐漸成爲美國的附庸。冷戰結束後，面對日益強大的中共政權和武力威脅，台灣更加依賴美國，自動開啓了被殖民化的過程。這種被殖民，是一種軟性的被殖民，即使沒有美國軍隊駐守，但自願被美國控制。

既然國民黨政權願意接受美國的「軟性殖民」，那麼對於台獨勢力來說，這就更方便了。他們不僅能藉助美國的支持對抗國民黨，還能依賴美國來對抗中共。他們認爲，無論是國民黨還是中共，都是外來政權，只有靠美日的保護才能維持台獨的生存。所以，民進黨自然心甘情願成爲美日的被殖民者。既然台灣朝野都願意接受美國的軟性殖民，那麼，不論是台灣自己高科技的半導體產業，或是軍事防禦戰略構想，都必須照著美國的指揮行事。

美國對台灣的軟性殖民是全方位的。美國在台灣的影響力已經深入骨髓。台灣的企業家和媒體大亨大多擁有美國綠卡，在美國銀行體系擁有大量財產。台灣政商精英從年輕時就與美國建立了千絲萬縷的聯繫，而台灣高層官員把能與美國接觸當成地位象徵，甚至引以爲榮。這種「親美」心態已經不只是合作，而是一種把美國當成宗主國的心態。

國民黨和民進黨雖然都接受了「再殖民」，但在態度上還是有些差異。國民黨政權選擇完全依附美國，把台灣的命運交給美國；而民進黨除了接受美國的殖民外，還對日本抱有深厚的情感。他們甚至期待日本能再次把台灣納入保護範圍——那句「台灣有事就是日本有事」，聽起來更像是渴望被殖民的呼喊。

二、台灣必須要確定自己的未來

對台獨支持者來說，不管是爲了反對國民黨政權，還是反對中共政權，他們認爲「去中國化」都是必要的。這些人把「本土化」等同於「去中華民國」或「去中國化」，甚至認爲要達成這個目標，就必須尋求外來勢力的支持。這就導致了台灣如今這種奇怪的再殖民現象。在這種情況下，我們可以理解，爲什麼台灣的「本土化」運動並沒有演變成「去殖民化」，反而變成了依賴美國和懷念日本殖民的怪現象。有些人甚至想像台灣能成爲美國的第五十一州，這是何等的諷刺！

那國民黨呢？在面對民進黨這樣的本土化論述時，顯得非常無力。他們面對民進黨這種「本土＝化反對中國殖民＝去中國化＝接受美日再殖民化」的論述，沒有能力進行撥亂反正，又沒有能力建立起自己的台灣前途論述，因此陷入了尷尬的境地。民進黨給國民黨貼上「外來政權」、「親中賣台」的標籤，讓部分國民黨人產生了自我懷疑，甚而產生了原罪感，讓黨內一些人懷疑自我認同，討論是否要把「中國國民黨」的「中國」兩個字拿掉，或者乾脆改名成「台灣國民黨」，也不願對外說「台灣人也是中國人」。在國家的認同上，也可以接受「中華民國台灣」這種明顯是爲台獨「借殼上市」的謊言。這眞是一場認同上的迷失！

台獨的訴求與對台灣安全的需要，讓「本土化」與「去中國化」，已經與台灣接受美國的「再殖民化」依賴深深連結在一起。台獨派認爲，只要有美國的保護，台灣就能安全。但依賴美國眞的能帶來一個光明的未來嗎？中共不會同意台灣從中國分離出去，必要時他們甚至會使用武力來迫使統一。所以，台灣如果繼續尋求分離，不論在台灣的政權叫「中華民國」、「中華民國台灣」還是「台灣」，都只會引發戰爭。而「不統不獨」的鴕鳥心態，只會讓台灣在兩岸關係中逐漸失去話語權。

如果台灣自己不能自行處理兩岸關係，而把自己的命運交在美國的手上，那麼未來，結果只會有兩種可能：第一是「被戰爭」，美國爲了遏制中國大陸，不惜把台灣推向戰爭的火坑，成爲美中對抗的棋子，命運可能比烏克蘭還慘。第二是「被交易」，美國在需要和中國大陸達成利益交換時，毫不猶豫地把台灣賣個好價錢。

深入一點思考，日本在台灣五十年的殖民統治，清楚揭示了殖民的本質就是壓制、掠奪與剝削。如今，台灣若選擇自願接受美國的「保護」，被壓制、被掠奪、被剝削的命運，難道眞的能避免嗎？

美國要求台灣掏出大把銀子採購武器，要台灣交保護費，這跟日據時期在台灣徵「志願兵」上戰場，讓皇民化家庭出錢出力的景況，難道不是如出一轍？當美國要求台灣的「護國神山」——台積電——遠赴美國設廠，這不就是現代版的資源掠奪嗎？不正如當年日本將台灣神木、樟腦悉數帶回本國嗎？

更何況，美國的國力已在衰弱，日本更早已非昔日的霸權。我們眞的還要以一種依附的心態，把自己繼續當成殖民地，依賴在美日的庇護之下嗎？我們應該清醒過來，找到屬於自己的立場。

必須認清的是，台灣是全體中國人用武力從日本殖民者手中收回的土地，是屬於全體中華民族的財產。兩岸即使有矛盾，也只是中華民族的內部矛盾而已，兩岸應該要有足夠的智慧解決這個問題，而不是再次陷入被殖民或被戰爭的陷阱。

我們必須在台灣內部，強化「台灣人也是中國人」的認同，重視中華文化，找回眞實的中華史觀，正確認識台灣的歷史，讓台灣從「文化台獨」中再光復。面對兩岸，在堅持整個中國不可分裂，兩岸都是中華民族，相互尊重與包容的基礎下，進行對話與溝通，找到當前兩岸和合的方法及路徑。有了兩岸的和平、合作與融合，免除台灣對安全的恐懼，增加兩岸和合的紅利，台灣也才能從根本上，從需要「美日再殖民」情境中重新再光復。

讓台灣再光復是海內外所有有志之士的共同責任與使命。我們一起努力！

台灣再光復

作　　者／張亞中
出 版 者／揚智文化事業股份有限公司
　　　　　孫文學校
發 行 人／葉忠賢、張亞中
總 編 輯／閻富萍
地　　址／新北市深坑區北深路三段 258 號 8 樓
電　　話／(02)26647780
傳　　真／(02)26647633
E - mail／service@ycrc.com.tw
網　　址／www.ycrc.com.tw
ISBN／978-986-298-446-8
初版一刷／2025 年 3 月
定　　價／新台幣 200 元

國家圖書館出版品預行編目（CIP）資料

台灣再光復 / 張亞中著. -- 初版. -- 新北市 :
揚智文化事業股份有限公司 ; [臺北市] : 孫
文學校, 2025.03
面； 公分

ISBN 978-986-298-446-8（平裝）

1.CST: 臺灣史

733.29 114002609